D1752542

Joseph J. Healey, geboren 1951 in Brooklyn, New York, lebt in Marin County, Kalifornien. Magister in Medienwissenschaften. Seit nun bereits 25 Jahren konnte er Erfahrungen im Musik-, Kunst- und Literaturbereich sammeln. Am liebsten schreibt er Geschichten für Kinder, was sicher auch damit zu tun hat, dass er alleinerziehender Vater war und seit kurzem Großvater ist.

Rike Hecker, geboren 1960 in Köln, arbeitet seit ihrem Studium der Bildenden Kunst als freischaffende Künstlerin. Einzelausstellungen u.v.a. in Venedig, San Francisco (in Zusammenarbeit mit dem Goethe Institut), Bonn-Petersberg, Gästehaus der Bundesregierung. Neben der konzeptionellen Malerei bildet die visuelle Umsetzung von Kindergeschichten einen weiteren Schwerpunkt ihrer künstlerischen Arbeit.

Dieses Buch widmen wir der Familie Healey und der Familie Hecker, all unseren Freunden, besonders Chelsea, Sean, Bernie, Sylvia, Ralf und allen Eishockeyspielern auf der ganzen Welt.

Unser besonderer Dank gilt Herrn Alfred Raß und seinem Team; The Firm Jeffrey Jacobson, Bruce Colfin, Frank und Matthew, Herrn Thomas Eichin und Herrn Oliver Hülsenbusch und der freundlichen Unterstützung von

© 2001 Healey/Hecker
Lithos, Satz und Druck:
Rass GmbH & Co. KG Druck & Kommunikation, Bergisch Gladbach
Printed in Germany

ISBN 3-9807574-4-7
Alle Rechte vorbehalten
Aus dem Englischen übersetzt von Gräfin Maika Tyszkiewicz.

Vertrieb:
Rass'sche Verlagsgesellschaft GmbH
Höffenstraße 20-22 · D-51469 Bergisch Gladbach
e-mail: a.rass@rass.de
http://www.rass.de
und
http://www.JoeBear-SmartBooks.com

Mehr Bücher von Joe-Bear-Smart Books
- Der glückliche Gemüsehof   ISBN 3-909485-90-1
- Die Schokolade des Riesen   ISBN 3-9807574-2-0
Bald im Handel:
- Zirkustage
- Die Kathedrale

Casey's Traum
Eine Eishockey Geschichte
von
Joseph J. Healey · Rike Hecker

RASS'SCHE
VERLAGSGESELLSCHAFT
GMBH

Hallo! Mein Name ist Gabriella aber alle nennen mich Gabi.
Die Eishockey-Weltmeisterschaft, hier in unserer Stadt, ist das nicht toll!
Das ist so aufregend – und uns hat man als das Jugend Gast Team ausgewählt. Mit "uns" meine ich nicht mich. Ich bin nur die Sprecherin des Juniorenteams. Eines Tages werde ich vielleicht die erste weibliche Sprecherin für die Profi Liga sein. Wir sind hier, weil wir in der Juniorenliga im letzten Jahr so gut waren.

Wir haben nicht etwa die Meisterschaft gewonnen, wir kamen eigentlich nur auf den vierten Platz. Weil wir uns so verbessert haben und wegen unserem sportlichem Können, Teamgeist und Fairplay hat man uns eingeladen, unabhängig davon, ob wir gewonnen oder verloren hatten. Wir sind vom letzten auf den vierten Platz aufgestiegen und das ist o.k. Aber wir haben nicht nur spielerich, sondern auch menschlich davon profitiert und das verdanken wir Casey.

Zu Beginn des Jahres traf ich Casey auf der Rollschuhbahn. Er war gerade mit seiner Mutter und seinen zwei kleinen Schwestern hierher gezogen. Sein Vater war einige Jahre zuvor gestorben. Ich hatte ihn am ersten Schultag gesehen. Ich glaube, er war sogar mal in einer meiner Klassen.

Eines Tages also, als wir an der Rollschuhbahn vorbei kamen, war er da. Er konnte wirklich gut mit dem Schläger umgehen. Was für ein Schuß!

Von überall konnte er schießen. Und er konnte Rollschuh laufen. Ich wollte ihn unbedingt kennenlernen. Er war der Einzige auf der Bahn. Da ich sein Training nicht unterbrechen wollte, wartete ich. Es war toll, ihm zuzuschauen. Er bewegte sich, als ob er einen Wiener Walzer tanzen würde. Dann, ein kräftiger Schuß aus der Mitte, genau ins Netz. Plötzlich blieb er stehen und ich sah meine Chance. Ich rannte hinüber und stellte mich vor.

„Hallo, ich bin Gabi. Wie heißt du?" „Hallo, ich bin Casey." „Ich finde, du hast großes Talent. Spielst du auch Eishockey?" „Ja, schon, wenn ich Zeit dazu habe." „Was meinst du damit, wenn du Zeit hast? Du bist doch ein Kind. Kinder schlafen, essen, gehen zur Schule und spielen. Da mußt Du also Zeit haben." „Ach, weißt Du, nicht wirklich. Seit mein Vater tot ist, bin ich der Mann im Haus. Ich muß meiner Mutter helfen, ich kann sie und meine Schwestern nicht im Stich lassen." „Wo hast Du denn das Eishockeyspielen gelernt?"

„Mein Vater hat es mir beigebracht. Er war ein klasse Trainer und Spieler!" „Ich glaube, du vermisst ihn sehr, nicht wahr?" „Oh ja." „Weißt du von unserem Eishockey Programm?" wollte Gabi wissen. „Ich hab mal reingeschaut. Ist klasse!" „Das ist es auch. Und...?" „Und was...?" antwortete Casey. „Nun, wirst du spielen? Du sagtest, du könntest spielen." „Ich weiß wirklich nicht, ob ich die Zeit dazu habe. Mutter braucht mich!" „Ich verstehe. Wußtest du, dass wir morgen Training haben? Hast du einen Stift? Dann schreib ich Dir alles auf. Es wäre toll, wenn du es schaffen könntest."
Es wurde langsam dunkel. „Ich muß jetzt gehen und ich darf mich nicht verspäten." sagte Casey und weg war er. Gabi stand verwundert da und fragte sich, ob er es wohl schaffen würde. Dann machte sie sich auf den Weg nach Hause.

Zuhause angekommen konnte Gabi nicht aufhören, von ihrem neuen Freund und seinem großen Talent zu berichten. Ihre Brüder, die Zwillinge, die in dem Eisclub „Schwarze Falken„ spielten, fragten: „Wird er versuchen, in die Mannschaft zu kommen?"
„Ich weiß es wirklich nicht."
Dann erzählte sie ihrer Mutter und ihren Brüdern, was sie über Casey wußte. Sie sagte, dass er gerade hierher gezogen sei, nur er, seine Mutter und seine Schwestern. Und das er seinen Schwestern helfen und wie er auch der Mann im Haus sein müsse. Daher habe er wenig Zeit für andere Dinge übrig.
„Was für ein Jammer." sagte Gabi's Mutter.
Ihre Brüder fragten: „Woher hat er soviel über Hockey gelernt?"
„Sein Vater hat es ihm beigebracht und seitdem hat er schon in zwei Teams mitgespielt. In seinem Schulteam und in der Rollschuh Hockey Liga in der Nachbarschaft. Zu dieser Zeit war sein Vater der Coach der Schulmannschaft.

Armer Kerl! So vieles muss sich für ihn verändert haben. Ich wünschte mir, es gäbe etwas, dass ich für ihn tun könnte."
Dann hielt Gabi inne und sagte: „Seitdem hat er zwar nicht viel gespielt, aber ich bin sicher, er wäre eine große Hilfe für das Team mit all seinem Wissen über Hockey."
Gabi's Brüder fragten: „Wird er morgen kommen?"
„Ich hoffe."
Mutter sagte: „Also los Kinder, Zeit für die Hausaufgaben und dann ab ins Bett!" „Schon gut Mama."

Am nächsten Tag betritt Gabi erwartungsvoll die Bahn. Sie hatte Casey heute in der Schule nicht gesehen. Gleich hinter der Tür sieht sie, wie Casey seine Schlittschuhe anzieht. „Du hast es geschafft!"
„Ja. Ich habe gestern abend ein wenig mehr über das Trainingsprogramm gelesen und mit meiner Mutter darüber gesprochen. Wenn es in unseren Zeitplan passt, kann ich spielen.
„Das ist toll", sagte Gabi.

Und da kommt auch schon der Trainer.
„Hallo, Jungs und Mädchen, paßt auf! Wir bilden erst mal zwei Teams. Ein rotes und ein blaues Team", sagte der Coach. „Spielt ein wenig und lasst mich sehen, was eure neuen Spieler können. Ich möchte sehen, wer noch Hilfe beim Laufen, beim Schiessen oder im Umgang mit dem Puck braucht. Dann kann ich bei jedem Einzelnen in die Feinheiten gehen, die starken Seiten herrausstellen und an schwachen Punkten arbeiten. Einige von euch gehen in die Verteidigung und einige in den Angriff. Torwarte und Stürmer erhalten spezielles Training. Und los, wir fangen mit ein paar Dehnübungen und Gymnastik an!"
Casey hebt die Hand. „Ich kenne ein paar wirklich leichte Übungen, die ich dem Team zeigen könnte."
„Das ist eine gute Idee. Wie heißt du, Junge?"
„Mein Name ist Casey."

„OK, Kinder. Stellt euch auf und achtet auf Casey."
„Diese Übung ist gut!" Casey machte also mit den Kindern eine Reihe von Übungen, die nicht nur gut waren, sondern auch noch Spaß machten. Laufen, bremsen und Hechtsprung fand ich am Besten. Casey erklärte, dass diese Übungen uns dabei helfen würden, besseres Hockey zu spielen.

„Ich fühle mich schon besser", sagte einer der Jungen. Die Eltern auf der Bank freuten sich zu hören, dass die Übungen dazu dienen, sicher und besser zu fallen und ebenso sicher wieder aufzustehen.

Der Coach läuft in die Mitte der Eisfläche und bläst in die Trillerpfeife. „Ist jeder zu einem Spiel bereit?" Er pfeift noch mal und lässt den Puck fallen – das Spiel beginnt.

Das blaue Team erwischt den Puck, formiert sich und stürmt nach vorne und kann erst kurz vor dem Tor aufgehalten werden. Jetzt ist es das rote Team. Casey wurde in das blaue Team gewählt, er spielt in der Verteidigung. Immer wenn das rote Team vorwärts drängt, setzt er sich in Bewegung und dreht das Spiel zugunsten des blauen Teams herum. Alle Kinder am Spielfeldrand jubeln den Spielern zu.
Der Coach sagt zu Gabi: „Du könntest Recht haben mit diesem Jungen. "Gabi lächelte stolz und sagte zu sich selbst: „Wenn ich es nicht schaffe, die erste weibliche Sprecherin der Profis zu werden, dann könnte ich trotzdem ein guter Beobachter oder Talentsucher werden. Hmmm....." „Coach, sehen sie, er ist immer da wo er gebraucht wird! Er ist der beste Freund des Torwarts!" „Ja, das ist so bei der Verteidigung. Aber wie glaubst du, wird er beim Angriff sein?" „Sie sollten mal seinen Schuss sehen! Auf der Rollschuhbahn sah ich ihn ganz alleine. Er bewegte sich mit einer Leidenschaft und Liebe zum Spiel, die erstaunlich war. Später sagte er mir, dass Hockey im Sinn der Fairneß gespielt werden sollte. Dann mache das Spiel wirklich Spaß. Er sagte, dass er das von seinem Vater gelernt habe." „Ich habe gehört, dass sein Vater ein ziemlich guter Spieler war." „Wie der Vater, so der Sohn." „Hoffen wir's!" „Hoffen? Coach, schauen sie wie er spielt."

Da, ein Tor! Auf der Tafel steht: Blau: Eins, Rot: Null. Alle jubeln. Das erste Tor in der neuen Saison. Das ist wirklich Glück. Das Spiel geht weiter. Blau gewinnt. Letzter Spielstand eins zu null. Was für ein Spiel!

„Ein tolles Spiel, Kinder. Ich glaube, wir haben einige großartige Talente. Ihr habt alle gut gespielt. Ihr zieht euch nun besser um und nehmt dann eure Spiel- und Trainingspläne auf dem Weg nach draußen mit. Wirklich ein tolles Spiel!" sagte der Coach beim weggehen.

Casey ist gerade dabei zu gehen, als Gabi sagt: „Nun was denkst du?"
„Danke Gabi, ich fühle mich großartig, das Training hat mir richtig gut getan, aber ich muß jetzt nach Hause gehen."
„Ich gehe ein Stück mit dir OK.?"
Sie machen sich auf den Weg nach Hause. Alles was Casey jemals wollte war Eishockey spielen, nun war sein Traum, einem wirklichen Team anzugehören, schon fast zuviel für Casey.

Am Abend sagte die Mutter zu Casey: „Setz Dich, ich muß mit Dir reden." Sie erklärte, dass sie versucht habe, die Pläne zeitlich aufeinander abzustimmen, aber es ging einfach nicht.

„Du mußt Dich genau um diese Zeit um deine Schwestern kümmern.
Ich bin bei der Arbeit, und sie sind zu jung, um alleine zu bleiben. Das Geld ist knapp, und ich kann mir keinen Babysitter leisten."
„Ich verstehe das Mama. Ich kann immer noch auf der Rollschuhbahn in Form bleiben. Dazu brauche ich keinen Zeitplan. Wann immer ich Zeit habe, auch wenn nur ein oder zwei andere Leute auftauchen, kann ich immer noch Spielen."

Die nächste Trainingsstunde: Alle sind bereit fürs Eis – nur einer fehlt, Casey! Gabi fragt jeden, ob jemand weiß wo er ist. Aber seit Schulschluß hat niemand etwas von ihm gesehen oder gehört. Einer der Jungen sagt: „Ich sah ihn ein wenig niedergeschlagen. Ich dachte, es sei wegen der Schule, da gibt es ja manchmal Probleme." Gabi geht zum Telefon und ruft Casey an.

„Hallo, hier ist Gabi. Was ist los? Wir haben doch Training, und du bist nicht hier. Hast du deinen Trainingsplan verloren?" „Nein, das ist es nicht. Meiner Mutter und mir gelang es einfach nicht, unsere Pläne unter einen Hut zu bringen. Sie ist noch trauriger als ich, denn sie wollte wirklich, dass ich das machen kann. Sie braucht mich, verstehst du, und außerdem habe ich ja immer noch mein Rollschuh-Hockey." „Ja", sagt Gabi. „Tut mir leid, ich muß jetzt aufhören. Meine Schwestern brauchen mich." „OK, bis morgen in der Schule dann."

Seufzend legt sie den Hörer auf. Während ihr dicke Tränen über's Gesicht laufen ruft sie: „Wir müssen etwas tun. Wir müssen helfen! Es ist für Casey und für das Team!"
Doch erst einmal muss Gabi in die Sprecherkabine, um über den Spielstand des zweiten Trainingsspiels zu berichten. Es ist anders als beim letzten Mal. Nicht nur, dass Casey nicht dabei ist, auch die anderen Kinder nehmen es nicht so ernst wie das erste Trainingsspiel. Einige Kinder spielen sehr hart und landen auf der Strafbank. Dabei denkt sie daran, was Casey über Sportlichkeit gesagt hatte.

Nach dem Training stehen die Mütter bereit, um die Kinder abzuholen. „Sie spielten beim letzten Training besser", sagt eine von Ihnen. „Ich möchte wissen warum?" Gabi geht hinüber und erwiderte:
„Ich kann Ihnen sagen warum:
Casey war heute nicht dabei.

Er weiß, wie man die anderen mitzieht und wie man beim Spiel auch Spaß haben kann. Er ist wirklich gut für das Team. Sie haben es beim ersten Training gesehen. Alle haben besser gespielt und Casey war der Grund." „Aber, wo ist er denn? Warum ist er nicht aufgetaucht?"
Sie erzählt den Müttern Caseys Geschichte.

Nachdem sie die Geschichte gehört hatten, überlegten sie gemeinsam, wie man Caseys Mutter helfen könne. Dann könnte Casey wieder spielen. Der Plan sah vor, dass abwechselnd jede der Mütter etwas Zeit aufbringen würde, um zu helfen. Die Mütter packten ihre Kinder ins Auto und machten sich auf den Weg, seiner Mutter die Idee vorzuschlagen und einen neuen Zeitplan aufzustellen. Sechs Autos voller Mütter und Kinder hielten vor Caseys Haus. Seine Schwestern rannten zum Fenster und schauten, was der Tumult da draußen wohl zu bedeuten habe. „Casey, ich bin es, Gabi, das Team und die Mütter!"

Während die Kinder draußen spielten, machten sich die Mütter miteinander bekannt und besprachen Gabis Idee. Eine der Mütter sagte: „Casey ist möglicherweise derjenige, der es wirklich schafft. Optimale Förderung, eine gute Ausbildung, und eines Tages wird er vielleicht sogar Profi-Eishockeyspieler." Ein Lächeln breitete sich über dem Gesicht von Caseys Mutter aus. Sie erklärte: „Casey ist ein guter Junge – er versteht unsere Situation und hilft mir immer. Er kommt mit wenig aus. Ich weiß, dass er wirklich gerne im Team wäre. Als ich ihm sagte, dass wir es so nicht schaffen würden, sah ich die Traurigkeit in seinen Augen. Aber trotzdem wollte er darauf verzichten, und nahm es wie ein Mann. Das er nun doch spielen kann, dafür danke ich Ihnen, meine Damen, aus meinem tiefsten Herzen." Gerade in diesem Augenblick stürmte Casey mit den anderen Kindern herein. „Heißt das, ich kann spielen?" „Ja mein Junge, du kannst spielen." „Juhu, toll!" brüllten die Kinder.

Die Mütter tranken ihren Kaffee zu Ende, während Casey den Kindern zeigte, wie er mit seinen Schwestern im Wohnzimmer Socken-Hockey spielte. Sie spielten, bis es Zeit war, Gute Nacht zu sagen.

„Wiedersehen, bis zum nächsten Spiel dann!" Es sollte das erste offizielle Spiel der Saison werden. Wir spielten gegen die Löwen, das beste Team in der ganzen Liga. „Wir werden es gut machen!" hatte Casey gesagt. „Gute Nacht jetzt."

Die Saison schritt voran. Es war wunderbar. Wir gaben unser Bestes. Wir gewannen keine Meisterschaft und keine Turniere. Wir stiegen jedoch vom letzten auf den vierten Platz auf. Das ist ziemlich gut. Wartet nur das nächste Jahr ab. Gleich an erster Stelle zu sein, wäre wirklich zu hoch gegriffen. Bei den Neuen im Team war es wichtiger, ihnen das Spiel korrekt beizubringen. Und dieser Weg, eine Liebe zum Spiel zu entwickeln, ist ein Weg zu mehr Können, einem besseren Spiel und mehr Spaß.

Wir haben gelernt, dass es nicht um gewinnen oder verlieren geht, sondern darum wie man das Spiel spielt. Wir sind jung und haben noch viel Zeit zum gewinnen.

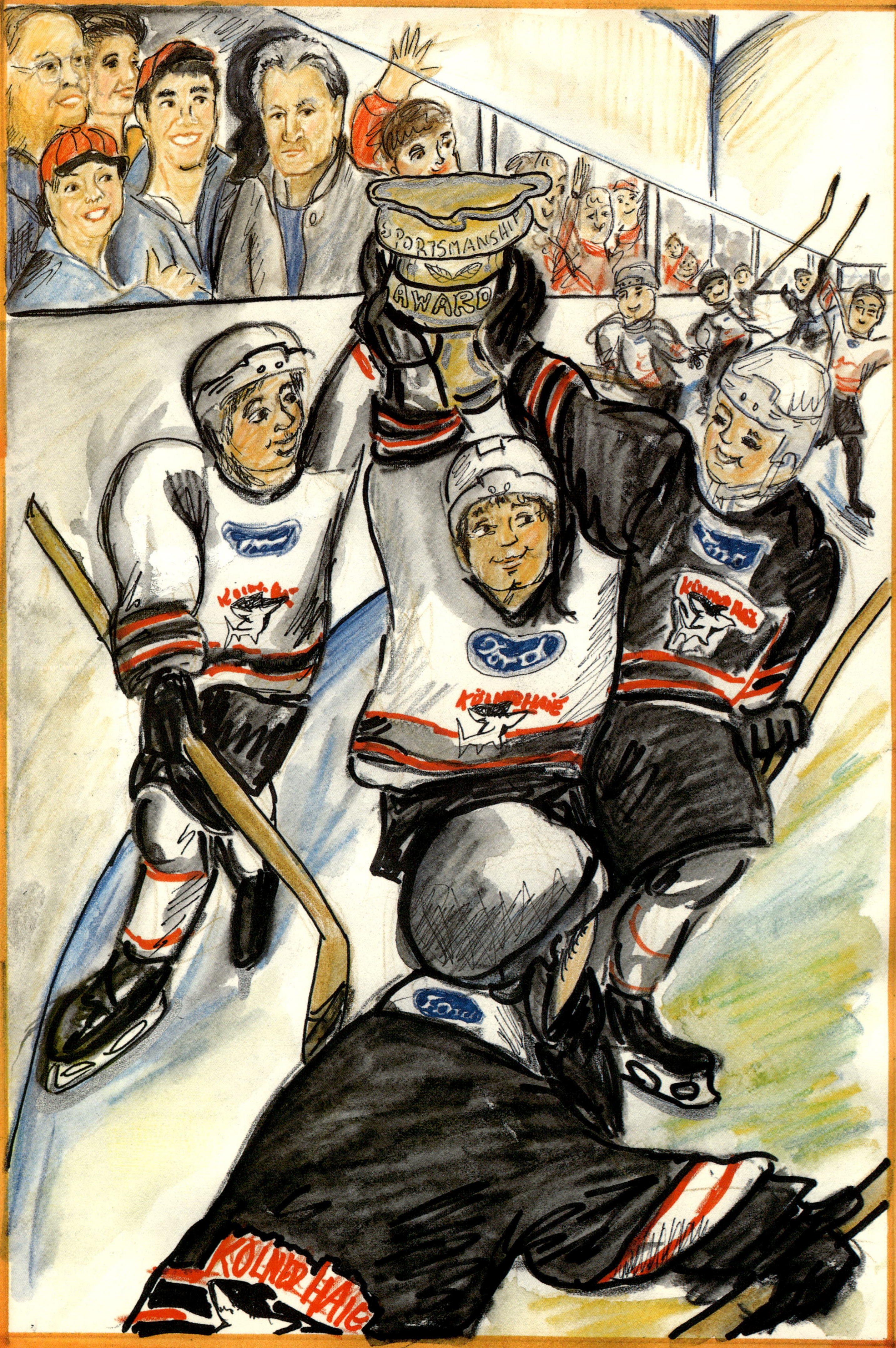
SPORTSMANSHIP
AWARD
Ford
KÖLNER HAIE
Ford
KÖLNER HAIE